EUROPÄISCHE TÄNZE

ausgewählt und übertragen von

ANNELIESE SCHMOLKE und HERBERT LANGHANS

Heft 12

BULGARIEN II

MÖSELER VERLAG WOLFENBÜTTEL UND ZÜRICH

Umschlagentwurf: Heinz Schmidt · Zeichnung: Hiltrud Gerhardus-Karcher · Stich und Druck: Möseler, Wolfenbüttel · Printed in Germany

ZUR EINFÜHRUNG

Nach allen wechselvollen Schicksalen, durch die Bulgarien im Laufe der Jahrhunderte gegangen ist, sind doch die besonderen Fähigkeiten des Volkes zum Musizieren und Tanzen erhalten geblieben. Zwar tritt auch hier die Volkskunst in dem Maße zurück, in dem die Industrie wächst, aber wenn heute noch in dem kleinen Lande mehr als hundert Gruppen auf hohem Niveau musizieren und tanzen, so ist zu hoffen, daß das Erbe erhalten bleibt.

Mit bulgarischen Tänzern zu tanzen ist für jeden passionierten Tänzer eine besondere Freude: die Verschiedenartigkeit der Rhythmen, das schnelle Tempo, die Improvisationsfreude der Männer schaffen ein gesteigertes Bewußtsein von Vitalität und beherrschter Kraft.

Wie überall in der Welt, so gehören auch in den bulgarischen Städten Schlager und Modetänze zum Leben der meisten jungen Menschen. So müssen die überkommenen Tänze erst gelernt werden, und die Neulinge im Tanz reagieren nicht anders als etwa bei uns. Das gibt uns den Mut, einige typische Tänze aufzuzeichnen, die zur Weitergabe geeignet erscheinen. Neben sehr einfachen Tänzen gibt es solche mit uns ungewohnten Rhythmen, aber sie sind nur scheinbar kompliziert, d.h. nur im Notenbild; im Tanz ergeben sich diese Rhythmen „spielerisch", etwa durch Schrittbetonungen oder -verzögerungen und schaffen ein reizvolles Mit- und Gegeneinander von Musik und Tanz.

Die Tänze werden oft gesungen, dazu treten Instrumente: Schalmei (Kaval), Flöte (Duduk), Fiedel (Gadulka), Dudelsack (Gaida), Tambura, Gitarre, heute oft Ziehharmonika, dazu fast immer das anfeuernde Rufen der Tanzführer, ihre schrillen Pfiffe, die Zurufe der Zuschauer.

Da die bulgarischen Tanzlieder sich der klang- und textgerechten Übertragung in deutsche Verse entziehen, wurden Prosaübersetzungen beigefügt.

Sehr herzlich sei allen Helfern und Förderern in Bulgarien gedankt, vor allem Herrn Stefan Waglarov, Sofia.

Anneliese Schmolke — Herbert Langhans

Köln, im Februar 1974

ZU BULGARIEN II

Im vorliegenden zweiten Heft mit bulgarischen Tänzen und Tanzmelodien wurden wie im ersten Heft eine Reihe einfacher Tänze ausgewählt, die auch für Anfänger leicht zu lernen sind und das Eingewöhnen in Tanzstil und -musik ermöglichen. Die übrigen Tänze sind für fortgeschrittene Tänzer gedacht, die sich schon mit den spezifischen bulgarischen Schrittfolgen und Rhythmen beschäftigt haben; sie sind besonders reizvoll, aber nicht leicht.

Die Steigerung der Schwierigkeit liegt entweder in den Schrittvariationen wie beim Kulsko und Dajčovo Horo – die Grundformen beider Tänze sind in Heft I notiert –, oder in der Technik wie beim Četvorno und Glaviniško Horo, oder im Tanzrhythmus wie beim Pajduško, Gankino und Glaviniško Horo.

Da die meisten dieser Tänze zu sehr schnellem Tempo gesteigert werden, ist es gut, die Schrittfolgen flüssig zu beherrschen bevor mit Schallplattenmusik getanzt wird.

Zur Aussprache:

c = z
č = tsch
š = sch
v = w
z = s

Zu den Tänzen dieses Heftes sind die CAMERATA – Schallplatten „Europäische Tänze", Bulgarien 4 - 6 erschienen. Kulsko Horo ist auf Schallplatte Bulgarien 2 zu finden, Dajčovo Horo auf Schallplatte Bulgarien 3.

TIRNOVSKO HORO / ТЪРНОВСКО ХОРО

Tirnovo, auch in ganz Bulgarien verbreitet

Wesselinka hat ihr Gürtelchen verloren, – hier Gürtelchen, da Gürtelchen – nirgends ist es zu finden.
Wesselinka fängt an zu weinen: „O weh, liebe Freundinnen, wie soll ich's meiner Mutter sagen?"

TANZFORM

Halbkreis, Haupttanzrichtung, Tänzer und Tänzerinnen in beliebigem Wechsel, Handfassung bei herabhängenden Armen.

Die Schrittfolge umfaßt 6 Takte:

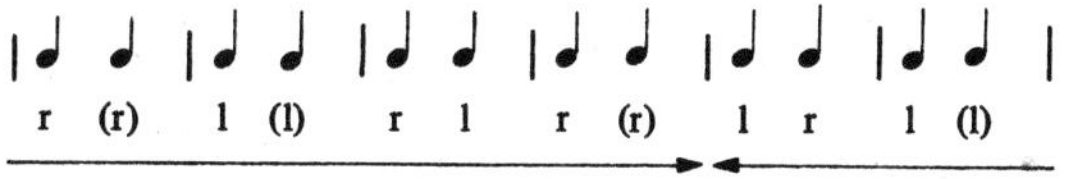

Takt 1 – 2 = Hüpfer r, Hüpfer l
Takt 3 – 4 = 2 Schritte und Hüpfer r, dabei l ein wenig vorkreuzen
Takt 5 – 6 = 2 Schritte und Hüpfer l, dabei r ein wenig vorkreuzen.

Die Arme pendeln in jedem Takt leicht vor – zurück.
Der Tanz muß lebhaft und schwungvoll getanzt werden, verschiedene Raumwege sind möglich.

Variation: Takt 5 = r kreuzt hinter l.

MARI MOMIČENCE / МАРИ МОМИЧЕНЦЕ

In ganz Bulgarien verbreiteter Singtanz

He du, kleines Mädchen, kleines Mädchen, wer wird dir dein Leinen weben, so und so und noch einmal?
„Meine Mutter wird mir den Stoff weben, und ich werde den Horo tanzen, so und so und noch einmal!"

TANZFORM

Halbkreis, Tänzer und Tänzerinnen in beliebigem Wechsel, Handfassung bei gebeugten Armen.

Einleitung

Die Schrittfolge umfaßt 3 Takte:

r l r l
X

Takt 1 = 2 Schritte r, l ↗
Takt 2 – 3 = 2 Schritte r, l ↗, Füße federn leicht auf – ab, Fersen berühren den Boden, l kreuzt hinter r.

Hauptteil

1. Schrittfolge: r r l l r (l l) l l r r l (r r)

2 Hüpfer, ein Schritt ↗, r beginnt; 2 Stampfer l neben r. Dasselbe gegengleich ↖, l beginnt.

Die Schrittfolge wird wiederholt.

2. Schrittfolge: r (l) l (r) r (l l) l (r) r (l) l (r r)

Am Platz. Schritt r r - sw, Körper dreht nach r, l stampft neben r. Dasselbe gegengleich nach l; wieder nach r, jetzt stampft l zweimal neben r. Wdh der Folge, Beginn nach l.

Die Schrittfolge wird wiederholt.

3. Schrittfolge: r l r l r (l l) l r l r l (r r)

Zur Mitte und wieder zurück. 5 Schritte zur Mitte, r beginnt, l stampft zweimal neben r. Dasselbe rw, l beginnt, r stampft neben l.

Die Schrittfolge wird wiederholt.
Dann die 2. Schrittfolge,
die 3. nach ↗, die 2.,
die 1. zur Mitte, die 2.

Jetzt kann wieder mit der Einleitung begonnen werden, oder gleich mit dem Hauptteil, oder die Einleitung wird als Abschluß getanzt.

(Auf der CAMERATA – Schallplatte „Europäische Tänze", Bulgarien 6 noch: 1., 2., 3., 2. Schrittfolge und Einleitung)

SEDENČICA *) / СЕДЕНЧИЦА

Plovdiv, Trakia

*) Die 2. Silbe wird betont.

TANZFORM

Halbkreis, Haupttanzrichtung →, Tänzer und Tänzerinnen in beliebigem Wechsel, Handfassung bei nach vorn angebeugten Armen, die im Tanzrhythmus mitfedern.

Die Schrittfolge umfaßt 8 Takte.

Takt	1	=	3 Schritte →, kurzer Hüpfer r, bei dem schnell l belastet wird
Takt	2	=	3 Schritte →, l anstellen
Takt	3	=	3 Schritte ←, r anstellen
Takt	4	=	3 Schritte →, l anstellen
Takt	5	=	wie Takt 4, aber zur Mitte
Takt	6	=	wie Takt 3, aber rw nach außen
Takt	7 – 8	=	wie Takt 5 – 6.

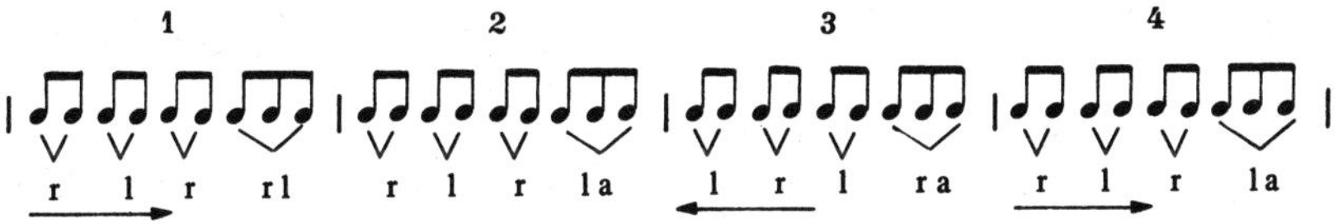

Variation:

Takt 3 und 4: 2. Schritt kreuzt hinten.

KULSKO HORO II*) / КУЛСКО ХОРО

Kula

TANZFORM

Der Tanz besteht aus dem Hauptteil und Zwischenteilen, die in beliebiger Reihenfolge und Zahl auf Zuruf des Tanzführers getanzt werden. Alle Zwischenteile werden am Platz getanzt, jeder Teil umfaßt 2 x 4 Takte.

Halbkreis, Tänzer und Tänzerinnen in beliebigem Wechsel, Handfassung bei gebeugten, leicht angehobenen Armen.

Hauptteil:

Takt 1 – 2 werden schräg r-vw ↗ getanzt, federnd mit kleinen, leichten Schritten, dazu Doppelfederungen der Arme.

Takt 3 – 4 werden rw nach außen ↓ getanzt, in Takt 4 die Arme vw-abwärts schwingen, dabei Oberkörper leicht vorneigen, Arme wieder anbeugen.

Der Teil wird wiederholt.

1. Zwischenteil: “nabivane” = “stampfen”

r sw, leicht nach r abdrehen, l stampft neben r

Dasselbe gegengleich. Das Ganze viermal.

2. Zwischenteil: “lost” = “Hebel” (bedeutet hier die Position des gestreckten Spielbeines)

r Ferse setzt schräg vw auf ↗ , r wieder anstellen. Dasselbe l u.s.f.

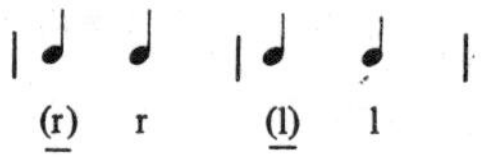

3. Zwischenteil: “čukče” = “Hämmerchen”

r Fuß stampft neben l auf, dann geben beide Fersen in Schlußstellung 3 federnde Akzente. Dasselbe l u.s.f.

4. Zwischenteil: “kosička” = “Sichel”

r Ferse, dann r Fußspitze tippen r sw auf; r Unterschenkel schleift vor l nach l und zurück ohne Bodenberührung mit 1/4-Wendung l am Platz:

, mit 1/2-Wendung r:

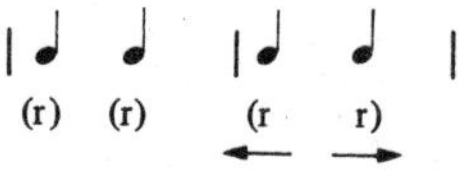

Das Ganze wird wiederholt.

*) Noten in „Europäische Tänze” Heft 9, Seite 16

5. Zwischenteil: "predna, zadna" = "davor, dahinter"

1/8-Wendung l, r l r l r l r l am Platz, r setzt immer vor l auf; Stampfer r sw, – Fußrichtung →, Stampfer r neben l, – Fußrichtung ↑; r Unterschenkel, – Fuß ↑ –, schwingt schnell vor l und zurück, dann hinter l und zurück – Höhe oberhalb der Wade.

Das Ganze wird wiederholt.

(r) (r) (r r)

(CAMERATA – Schallplatte „Europäische Tänze", Bulgarien 2)

DAJČOVO HORO*) / ДАЙЧОВО ХОРО

Nordbulgarien, auch im ganzen Lande verbreitet

(Variationen für Geübte)

TANZFORM

Halbkreis, Handfassung bei herabhängenden Armen oder Gürtelfassung (za pojas).
Die Reihenfolge der Variationen ist dem Tanzführer überlassen, die Zurufe geschehen im Tanzrhythmus.

I Grundschritt am Platz.

Tanzführer (ruft): Luliai nane – (1. Takt) *Alle:* Luliam, luliam! (2. Takt)
Tanzführer: Haide nane, ha sega de![1] (3. - 4. Takt)

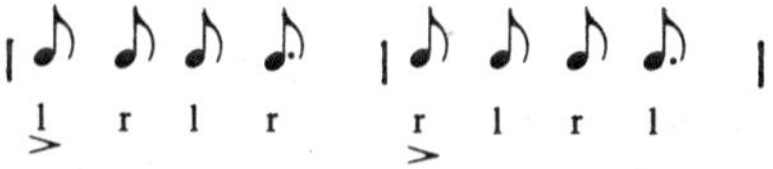

l r l r r l r l

Takt 1 = kurzer Hüpfer l, dabei anheben des gebeugten r Beines. Der Hüpfer ist auftaktig, d. h. auf das 1. ♪ schon den Boden wieder berühren. Arme vw zur Waagerechten schwingen

Takt 2 = wie Takt 1, aber mit Hüpfer r beginnen.

Gleich anschließend: ein Takt schräg ↖ zur Mitte, Arme fast waagerecht gehoben, r Schulter vorführen, ein Takt schräg ↗ zur Mitte, l Schulter vorführen, am Schluß Arme ein wenig senken, ein Takt rw; nach kurzem Hochfedern der Arme übliche Armbewegung. Die Folge wird so oft wiederholt, bis der Tanzführer ruft: Na miasto![2] Dann Grundschritt am Platz bis zum nächsten Zuruf.

*) Noten in „Europäische Tänze" Heft 9, Seite 28

II *Tanzführer:* Liava, diasna – na petata – haide nane – ha sega de![3)]

Auf "de" = r schräg ↗ vw strecken, Fuß parallel zum Boden, l Knie leicht gebeugt, Oberkörper vorneigen, Arme etwa 45 Grad vorheben. Dann: die ersten 3 Taktzeiten r, l, r schnell über den Boden schleifen – zum Körper hin! – in der 4. Zeit l Ferse bei Bein schräg l - vw auftippen; gegengleich im 2. Takt, wdh im 3. - 4. Takt.

Sofort den Grundschritt anschließen bis zum nächsten Zuruf.

III *Tanzführer:* Zizai nane – ***Alle:*** Zizam, zizam! *Tanzführer:* Haide nane – ha sega de![4)]

Takt 1	=	Arme etwa 45 Grad vorheben, 1. ♪ : wie im Grundschritt, 2. ♪ : r Fußspitze, Knie nach innen, tippt neben r auf, 3. ♪ : wie 1. ♪ im Grundschritt, 4. ♪ : r Ferse, Knie nach außen, tippt neben r auf
Takt 2	=	Grundschritt, l beginnt, übliche Armbewegung
Takt 3	=	wie Takt 1, aber gegengleich, also r beginnt, l tippt auf
Takt 4	=	wie Takt 2, aber gegengleich.

IV *Tanzführer:* Čet'ri napred – čet'ri diasno – haide nane – ha sega de![5)]

Takt 1 – 4	=	Körper- und Armhaltung wie unter II. In jedem Takt 4 sehr kleine Schritte zur Mitte, r beginnt, l setzt immer an r Ferse, jeden 4. Schritt betonen
Takt 5 – 8	=	in jedem Takt 4 kleine Schritte ⤻, gleichzeitig etwas nach außen, r beginnt, l kreuzt immer hinter r, jeden 4. Schritt betonen.

V *Tanzführer:* Tri napred – čet'ri čukni – haide nane – ha sega de![6)]

Wie unter IV, aber nur 3 Takte zur Mitte; im 4. stampft r viermal vor l Fuß. Weiter wie unter IV.

1) Wiegen, großer Bruder – wiegen, wiegen! – Auf, Bruder, los, jetzt gehts los!
2) Am Platz!
3) Nach links, nach rechts – Ferse setzt auf! – Auf, Bruder, los, jetzt gehts los!
4) Spielen wir, Bruder – spielen, spielen! – Auf, Bruder, los . . .
5) Vier geradeaus – und vier nach rechts! – Auf, Bruder, los . . .
6) Drei geradeaus – und viermal stampf! – Auf, Bruder, los . . .

(CAMERATA – Schallplatte „Europäische Tänze", Bulgarien 3)

AITOSKA RĂČENICA / АЙТОСКА РЪЧЕНИЦА

Aitos, Trakia

„Răčenica” (das „ă” wird geschlossen, mehr nach „e” hin gesprochen, also „Rätscheniza”) heißt eine sehr verbreitete Gruppe von Tänzen im 7 𝅘𝅥𝅯 - Takt. Jede Landschaft hat ihren eigenen Typus, als Solotanz, Paartanz oder Horo getanzt. Hier sei eine trakische Form, ein Horo, notiert.

TANZFORM

Diese Răčenica hat im Gegensatz zu den Paarformen*) einen festgelegten Ablauf.
Halbkreis, Tänzer und Tänzerinnen in beliebigem Wechsel, Handfassung bei angebeugten Armen.

*) Siehe auch Răčenica, „Europäische Tänze” Heft 9, Seite 22.

Der Tanz besteht aus 2 Teilen zu je 12 Takten.

1. Teil:

Takt 1 – 2 = 2 für die Răčenica typische Dreischritte oder Grundschritte ; in jedem Dreischritt werden die 2 ersten Schritte abfedernd, der letzte weich nachgebend getanzt.
Takt 3 = Hüpfer r , dabei l ein wenig vorkreuzen
Takt 4 – 6 = wie Takt 1 – 3, aber , l beginnt, Hüpfer l.

Der Teil wird wiederholt.

2. Teil:

Takt 1 – 3 = 2 Grundschritte zur Mitte, r beginnt, Hüpfer l, dabei r ein wenig vorheben,
Takt 4 – 6 = 2 Grundschritte rw nach außen, r beginnt, 2 Stampfer r neben l, dabei Oberkörper leicht vorneigen.

Der Teil wird wiederholt.

IGRA NA DVAMINA / ИГРА НА ДВАМИНА

Pirin

Bemühe dich nicht umsonst, mein Freund, denn meine Mutter will es nicht. Sie gibt mich in die Stadt Melnik, dort werde ich eine feine Frau mit weißer Haut sein.

TANZFORM

Ein alter Tanz aus den Bergen, eine für Bulgarien ungewöhnliche Form, die wahrscheinlich auf alte Umzugsbräuche zurückgeht.

Paare ohne Fassung hintereinander, sie tanzen hinter dem führenden Paar her, können auf Zuruf Reihen bilden, die aufeinander zu und rückwärts auseinander tanzen, die Partner können die Plätze wechseln oder andere Figuren tanzen.

Oder das erste Paar führt nur zum Kreis als Einleitung eines anderen Tanzes.

Arme sind ohne Fassung vorgestreckt und etwas angehoben (etwa 45 Grad), Finger nicht gestreckt.

Die Schrittfolge umfaßt 4 Takte:

3 federnde Laufschritte, r beginnt, dabei Oberkörper leicht vorneigen und Arme senken; dann wieder aufrichten und fast am Platz 3 flache Federungen r.

Dann gegengleich, l beginnt u.s.f.

PAJDUŠKO HORO ČETVORKA / ПАЙДУШКО ХОРО ЧЕТВОРКА

Nordbulgarien

„Pajduško" von „pajtak" = lahmen, hinken von Tieren; bezieht sich auf den Tanzrhythmus;
„četvorka" von „četiri" = vier; bezieht sich auf den viertaktigen Ablauf des Tanzes.

*) Vergl. auch Pajduška, „Europäische Tänze" Heft 4, Seite 28.

TANZFORM

Halbkreis, Tänzer und Tänzerinnen in beliebigem Wechsel, Handfassung bei herabhängenden Armen.

Takt 1 – 4 = nach links

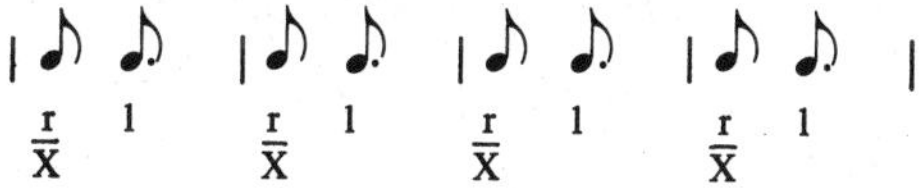

in jedem Takt kreuzt r – nach Abdruck vom 1 Fuß – vor 1 ; kleiner Seitschritt 1 , dabei ein wenig im Knie nachgeben.

Takt 5 – 8 = am Platz hin und her

Takt 5 = kurz abfedern l, so daß in der 1. Taktzeit 1 den Boden wieder berührt, r neben 1 belasten
Takt 6 = 1 kreuzt vor r, r wieder rw belasten
Takt 7 = kurz abfedern r, so daß in der 1. Taktzeit r den Boden wieder berührt, 1 neben r belasten
Takt 8 = r kreuzt vor 1, 1 wieder rw belasten

Takt 9 – 12 = nach rechts

in jedem Takt abfedern, 1 beginnt, so daß in der 1. Taktzeit 1 bzw. r den Boden wieder berührt, und Schritt .
Zum Schluß schwingt r nach vorn vor 1 zum neuen Beginn.

GANKINO HORO / ГАНКИНО ХОРО

In ganz Bulgarien verbreitet

Der Gankino Horo gehört zur großen und beliebten Gruppe der 11 ♪ - Tänze ♩ ♩ ♩. ♩ ♩
Aus den zahlreichen Gankino - Melodien wurde folgende gewählt.

TANZFORM

Halbkreis, Tänzer und Tänzerinnen in beliebigem Wechsel, Handfassung bei herabhängenden Armen oder Gürtelfassung (za pojas).

Die Schrittfolge umfaßt 3 Takte:

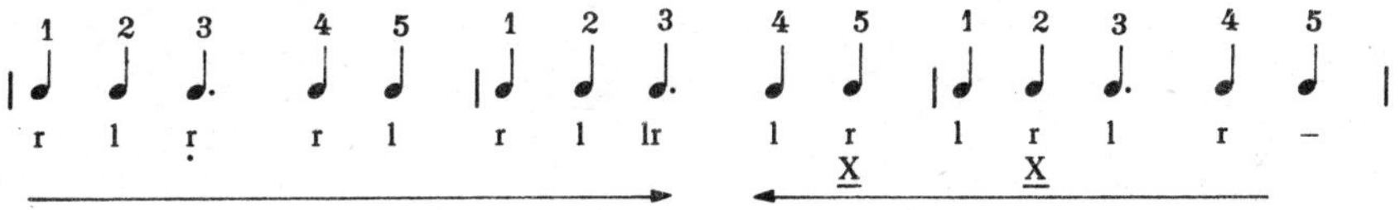

Takt 1 = sehr kleine Schritte , r beginnt, 3 - 4 = ganz flacher Hüpfer r, d. h. auf 4 wieder den Boden berühren, kleiner Schritt l

Takt 2 = 1 - 2 = r, l , 3 = l Fuß dreht, ohne den Boden zu verlassen, mit der Spitze zur Kreismitte, gleichzeitig setzt r dicht hinter l auf, 4 - 5 = l, r, , r kreuzt dabei hinter l

Takt 3 = 1 - 3 = l, r, l , r kreuzt dabei hinter l, 4 - 5 = r setzt zur Schlußstellung neben l.

Variation:

Takt 3 = r kreuzt hinter, dann vor l, l wird wieder rückbelastet.

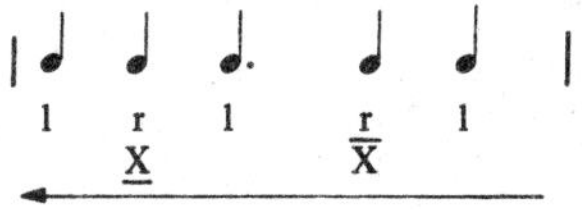

SBORINKA / СБОРИНКА

Dobrudscha

TANZFORM

Der Tanz ist ursprünglich ein Männertanz, das Gegenstück zu dem Mädchentanz “Răka”*). Der Tanzstil der Dobrudscha: weich, gut in den Knien nachgebend.

Halbkreis, zunächst Handfassung bei gebeugten Armen.

Bei den ersten 4 Takten der Musik das Gewicht in der 2. Position nach l und r verlagern, danach

Einleitung

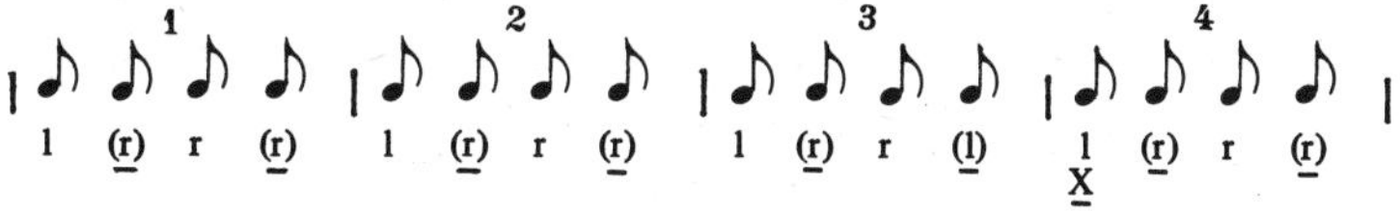

Takt	1	=	sehr kleiner Schritt l zum Zentrum; r Akzent neben l; kleiner Schritt r ↗, derweil l leicht abspreizen zum kleinen Halbkreis, Fersenakzent r am Platz
Takt	2	=	wie Takt 1
Takt	3	=	Schritt l zum Zentrum; r stampft hinter l Ferse; r rw; l stampft neben r; Arme schwingen durch die Vorhalte abwärts - rw
Takt	4	=	l ↗ wenig hinter r kreuzend; r stampft vor l – Arme sind wieder angebeugt – r ↗, derweil wie oben l leicht abspreizen; Fersenakzent r. Achtung auf Gegenbewegung des Kopfes in Takt 1 und 2! Dieser Ablauf wird so oft wiederholt, bis der Halbkreis zu einer Linie getanzt ist, dann Gürtelfassung (za pojas) am Schluß der letzten 8-Taktphase, damit der Hauptteil beginnen kann.

Hauptteil

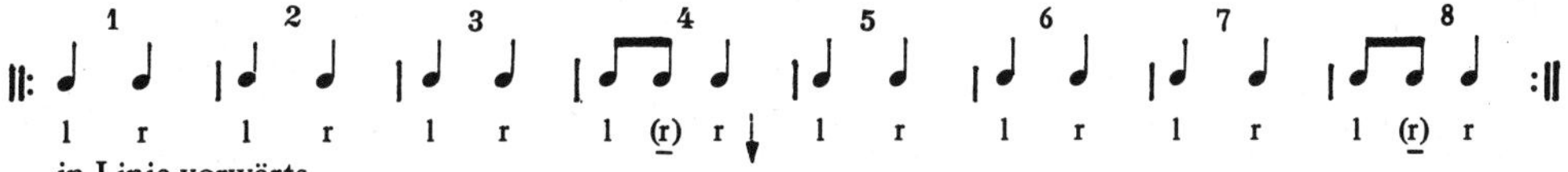

I — in Linie vorwärts

Takt	1 – 3	=	in Linie 6 Schritte breitbeinig vw mit Kniefedern (Bewegung des Kornes), l beginnt; beim 6. Schritt schwingt l dicht am Boden im Halbkreis nach vorn
Takt	4	=	l vw, r stampft hinter l Ferse; r rw
Takt	5 – 7	=	6 Schritte breitbeinig rw mit geringem Kniefedern, l beginnt
Takt	8	=	l betont sw aufsetzen, Fuß ←, r stampft neben l; r r - sw belasten, Knie nicht ganz strecken; l dreht, Knie und Fuß einwärts, schnell auf der Stelle, Blick zur l Ferse! Der Teil wird wiederholt.

*) Siehe Răka, „Europäische Tänze“ Heft 9, Seite 30.

II wie I, aber

Takt 1 – 3 = leichter Sprung auf l Fuß, r stampft neben l, Sprung auf r Fuß u.s.f. Dadurch fällt beim 6. Schritt das Vorschwingen l fort. Rw - Bewegung und Schluß wie I.
Der Teil wird wiederholt.

III am Platz

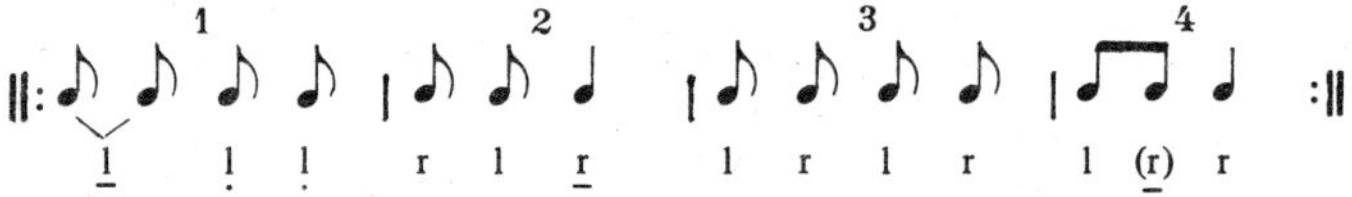

Takt 1 = l am Platz betonen, r Unterschenkel nach rw anbeugen und beim 2. ♪ vor l kreuzend strecken, etwa waagerecht; zweimal l am Platz federn, dabei schwingt r im Halbkreis nach r bis zur l Ferse

Takt 2 = r, l, r, am Platz, Füße nahe zusammen, beim letzten Schritt weich im Knie nachgeben, l Oberschenkel anheben

Takt 3 = l, r, l, r am Platz

Takt 4 = wie Schlußtakt unter I und II.
Der Teil wird wiederholt.

IV am Platz

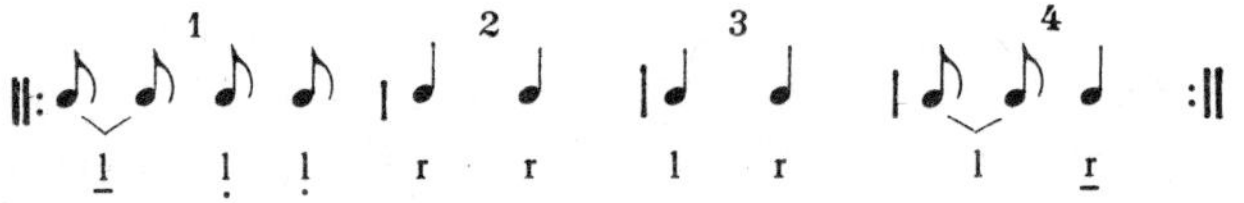

Takt 1 = wie III Takt 1

Takt 2 = r federt zweimal am Platz, dabei gebeugtes l Bein in die Frontalebene heben, Knie vor Knie

Takt 3 = kleiner Sprung am Platz auf l, auf r Fuß, dabei das jeweilige Spielbein wie in Takt 2, Knie vor Knie

Takt 4 = kleiner Sprung am Platz auf l, Spielbein wie in Takt 3, aber gleich nach schräg r – vw strecken zum kleinen, betonten Schritt r vw, dabei l ein wenig rw heben und Oberkörper leicht vw neigen.
Der Teil wird wiederholt.
Danach wieder Hauptteil I u.s.f., evtl. kann auch die Einleitung als Abschluß getanzt werden.

(Vorschlag für den Tanz zu CAMERATA - Schallplatte „Europäische Tänze", Bulgarien 5: Die Einleitung wird 6-mal getanzt, der Hauptteil I - IV 2-mal, dann wieder Hauptteil I, oder statt dessen die Einleitung als Abschluß).

ČETVORNO ŠOPSKO HORO (RAZVRĂŠTANATA) / ЧЕТВОРНО ШОПСКО ХОРО (РАЗВРЪЩАНАТА) Šopska

„Razvrăštanata" = soviel wie „wieder zurückkommen" (zum Ausgangsplatz), die besondere Bezeichnung dieses Četvorno.

TANZFORM

Linie oder Halbkreis, Tänzer und Tänzerinnen in beliebigem Wechsel, Gürtelfassung (za pojas), Front zur Mitte.

1. Teil

Takt	1	=	Schritt 1: r →, dabei nachgeben in den Knien; 2 - 3: l ansetzen und 2 Akzente mit beiden Fersen am Platz
Takt	2	=	dasselbe nach l.
Takt	3 – 4	=	wie Takt 1 - 2. (4 Takte)

2. Teil

Takt	1 – 2	=	Front ↗, r betont →, r kurz abfedern, l →
Takt	3 – 5	=	wie 1. Teil, Takt 1 - 3
Takt	6 – 10	=	wie Takt 1 - 5, aber nach l, l beginnt. Der Teil wird wiederholt (20 Takte).

3. Teil

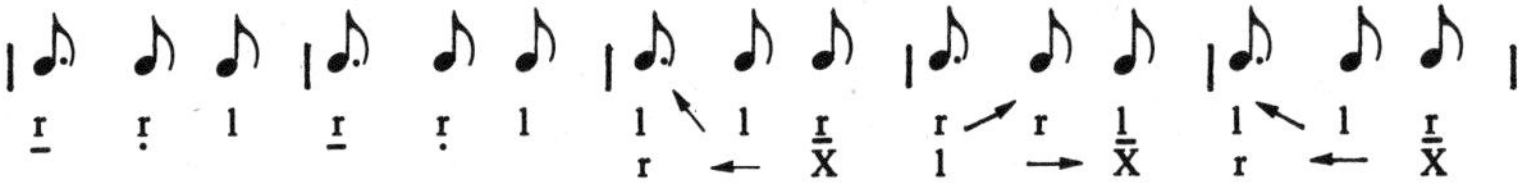

Takt	1 – 2	=	wie 2. Teil, Takt 1 - 2
Takt	3	=	"sovalka" *): l Fuß auswärts drehen – Ferse kurz anheben und wieder senken –, fast gleichzeitig r hinter l aufsetzen(♪.) . Während des Drehens ist der andere Fuß abgehoben! l ← (♪), r kreuzt vor l (♪)
Takt	4	=	"sovalka" r, d. h. r dreht, l setzt hinter r auf r →, l kreuzt vor r
Takt	5	=	wie Takt 3
Takt	6 – 10	=	wie Takt 1 - 5, aber l, l beginnt. Der Teil wird wiederholt (20 Takte).

4. Teil

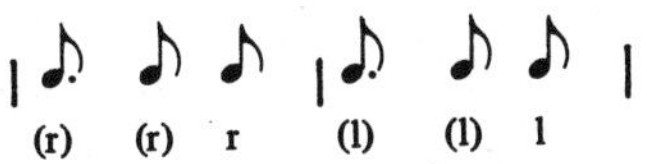

Takt	1	=	während l Ferse zweimal am Platz federt, setzt r Ferse schräg sw ↗ , dann vw unbelastet auf; r vw
Takt	2	=	gegengleich, die r Ferse federt am Platz
Takt	3 – 4	=	wie Takt 1 - 2. Die Linie hat sich vw bewegt.
Takt	5	=	l federt am Platz, dabei setzt r Ferse vw auf, l federt ein wenig rw; r rw
Takt	6	=	gegengleich, r federt am Platz
Takt	7 – 8	=	wie Takt 5 - 6
Takt	9 – 10	=	wie Takt 5 - 6. Die Linie hat sich rw bewegt.
			Der Teil wird wiederholt (20 Takte).

5. Teil

Takt	1 – 10	=	wie 3. Teil Takt 1 - 10
Takt	11 – 12	=	wie 4. Teil Takt 1 - 2
Takt	13	=	während l Ferse einmal am Platz federt, kräftiger Fersenakzent r und abfedern, dann r, l am Platz
Takt	14	=	wie Takt 13, aber bei r, l am Platz kreuzt l vor r, bereit zu "sovalka"
Takt	15 – 17	=	"sovalka" wie 3. Teil Takt 3 - 5
Takt	18 – 20	=	wie Takt 15 - 17 – insgesamt sechsmal "sovalka".
			Der Teil wird wiederholt (40 Takte).

*) "sovalka" = Weberschiffchen; hier das Hin und Her der Tanzbewegung.

(Vorschlag für den Tanz zu CAMERATA–Schallplatte „Europäische Tänze", Bulgarien 5: 1. – 5. Teil; 2.–5. Teil; 2. Teil)

GRAOVSKO HORO / ГРАОВСКО ХОРО

Graovo, nahe Sofia

TANZFORM

Der Tanz hat drei Teile: 1. Teil = 8 Takte, 2. Teil = 10 Takte, 3. Teil = 14 Takte, jeder Teil wird wiederholt. Unterschiedlich sind nur die Takte 8 - 10 bzw. 8 - 14.

Halbkreis, Tänzer und Tänzerinnen in beliebigem Wechsel, Gürtelfassung (za pojas).

Einleitung
Gewicht verlagern

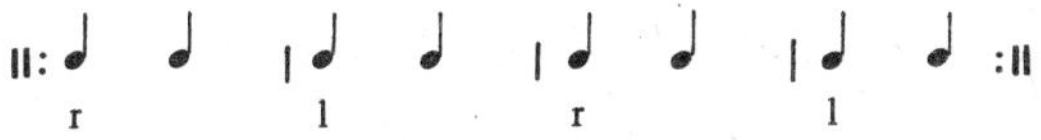

1. Teil

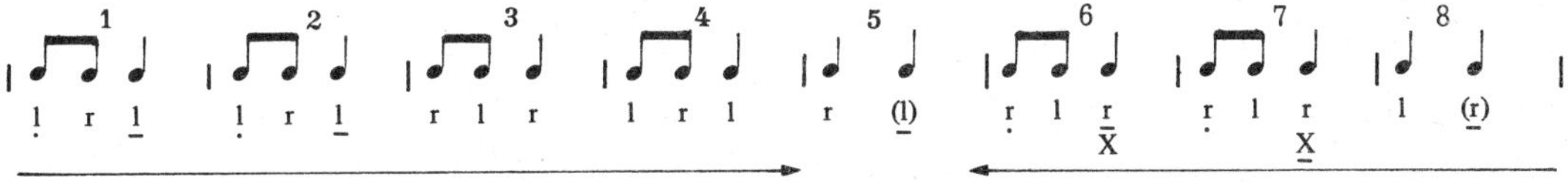

Takt 1 = Rücken zur Tanzrichtung : l kurz federn , Fuß bleibt fast am Boden, wie auch r Fuß, Bein vorgestreckt; r , l dabei nachgeben im l Knie

Takt 2 = wie Takt 1, beim letzten Schritt 1/2 Drehung r, also Front

Takt 3 = r, l, r

Takt 4 = l rw, r vw, l vw dabei nachgeben im l Knie

Takt 5 = Front zur Mitte: r sw , l Ferse Akzent vor r Fuß aus dem l Knie heraus

Takt 6 = r kurz federn, Fuß am Boden, l sw , r kreuzt vorn

Takt 7 = wie Takt 6, aber r kreuzt hinten

Takt 8 = Front zur Mitte: l sw , r Fuß wischt aus lockerem Knie vor l über den Boden ("brush" im amerikanischen Tanz).
Der Teil wird wiederholt.

Wichtig: kleine Schritte! Nachgeben im Knie beachten, typisch für Tänze aus Šopska!

2. Teil

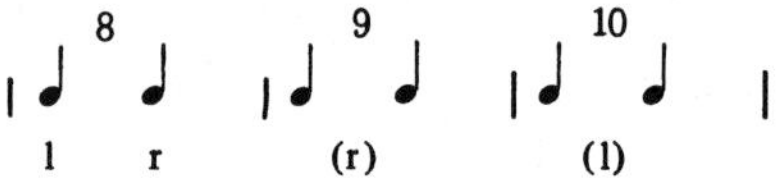

Takt	1 – 7	=	wie 1. Teil Takt 1 - 7
Takt	8	=	Front zur Mitte: l sw , r setzt an l
Takt	9	=	r Fuß schräg vw schleifen – nachgeben im l Knie – und wieder neben l führen und belasten
Takt	10	=	wie Takt 9, aber l Fuß schleift.
			Der Teil wird wiederholt.

3. Teil

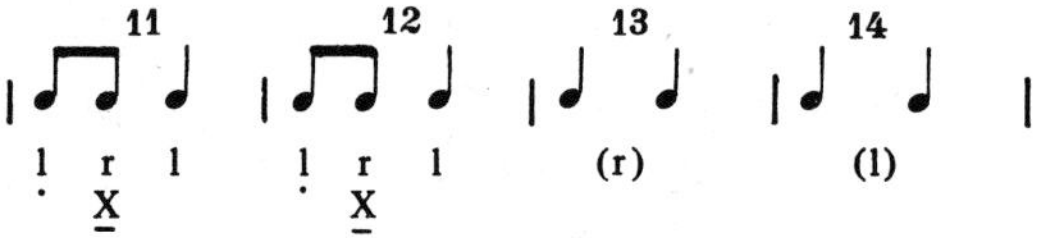

Takt	1 – 10	=	wie 2. Teil Takt 1 - 10
Takt	11	=	Front zur Mitte: l kurz federn, r kreuzt hinter l, l gleich wieder belasten
Takt	12	=	wie Takt 11
Takt	13 – 14	=	wie Takt 9 - 10.
			Der Teil wird wiederholt.

GLAVINIŠKO HORO / ГЛАВИНИШКО ХОРО

Glavinica, Westtrakia

Der Glaviniško Horo gehört zur großen und beliebten Gruppe der 11 ♪ - Tänze.

TANZFORM

Linienaufstellung, Tänzer und Tänzerinnen in beliebigem Wechsel, Gürtelfassung (za pojas).

Aufbau des Tanzes und Stichworte:

A = 2 Takte: Nach r mit Fersenakzent, nach l und schuffeln – Wdh A
B = 3 Takte: Sichel, 3 x kreuzen, Rückschwung, 2 x Fersenakzent – Wdh B
C = 3 Takte: Sichel, 3 x kreuzen, Rückschwung, rutschen, Fußschlag – Wdh C
D = 4 Takte: Fußschlag, vor; 3 x kreuzen, Rückschwung, rutschen, Fußschlag vor – (keine Wdh D!)

A

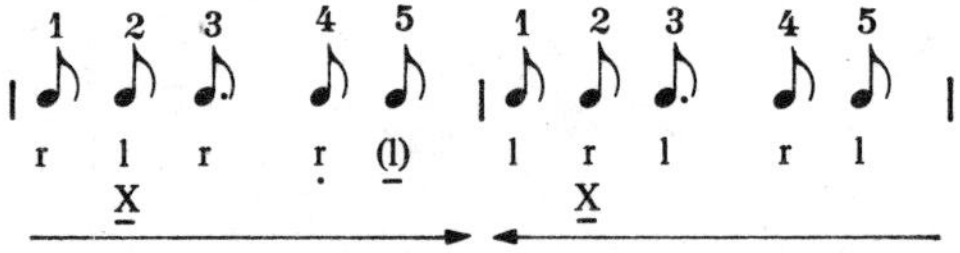

Takt 1 = Schritt 1 - 3: nach r sw; 4: r kurz abfedern; 5: anbeugen des l Oberschenkels und Fersenakzent l
Takt 2 = Schritt 1 - 3: nach l sw; 3: l flach aufsetzen; 4 und 5: schuffeln, d. h. körperwärts schleifen.
A wird wiederholt.

B

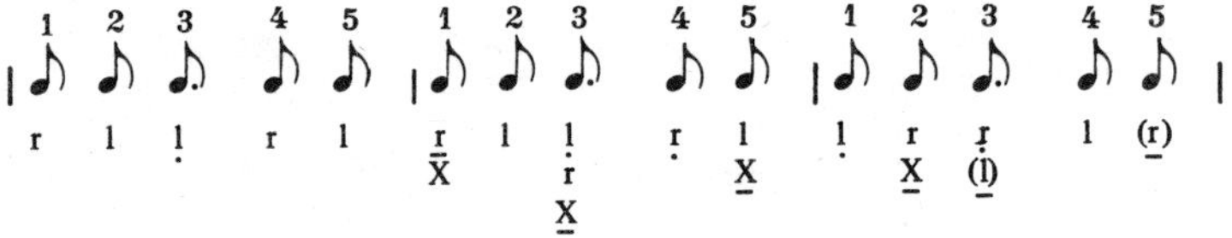

Takt 1 = Schritt 1 - 2: schuffeln; 3: l kurz abfedern, dabei r Sichel, d. h. r Ferse vor l Knie heben; 4 - 5: am Platz
Takt 2 = Schritt 1 - 2: r kreuzt vor l, l rückverlagern; 3: l kurz abfedern, dabei r rw kreuzen; 4: r kurz abfedern; 5: l rw kreuzen
Takt 3 = Schritt 1: l kurz abfedern; 2: r schwunghaft rw kreuzen; 3: kurz abfedern und Fersenakzent l vw; 4: Sprung auf l; 5: Fersenakzent r vw.
B wird wiederholt.

C

Takt 1 – 2 = wie B Takt 1 – 2

Takt 3 = Schritt 1: l kurz abfedern; 2: r schwunghaft rw kreuzen; 3: ein wenig mit beiden Füßen rw rutschen – gestreckte Knie; 4: l kurz abfedern, dabei r vorheben; 5: r flach vw aufschlagen, unbelastet.
C wird wiederholt.

D

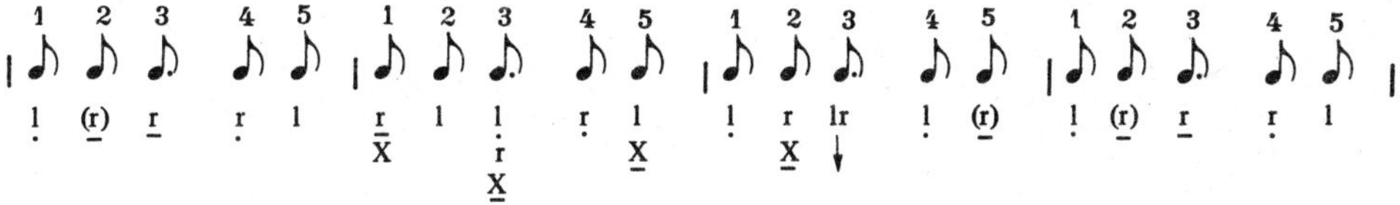

Takt 1 = Schritt 1: l kurz abfedern, dabei r vorheben; 2: r flach vw aufschlagen, unbelastet; 3: das Gewicht betont vw auf r verlagern; 4 - 5: r kurz abfedern, l am Platz

Takt 2 = Schritt 1 - 2: r kreuzt vor l, l rückverlagern; 3: l kurz abfedern, dabei r rw kreuzen; 4: r kurz abfedern; 5: l rw kreuzen

Takt 3 = wie C Takt 3

Takt 4 = wie D Takt 1
(D wird nicht wiederholt!)

VERZEICHNIS DER TÄNZE

		Seite
Tirnovsko Horo	Tirnovo	5
Mari Momičence	ganz Bulgarien	6
Sedenčica	Plovdiv	8
Kulsko Horo II	Kula	10
Dajčovo Horo - Variationen	Nordbulgarien	11
Aitoska Răčenica	Aitos, Trakia	13
Igra na dvamina	Pirin	14
Pajduško Horo četvorka	Nordbulgarien	16
Gankino Horo	ganz Bulgarien	18
Sborinka	Dobrudscha	20
Četvorno Šopsko Horo	Šopska	23
Graovsko Horo	Graovo, nahe Sofia	26
Glaviniško Horo	Glavinica, Westtrakien	29

ABKÜRZUNGEN

→	Tanzrichtung (gegen Uhrzeigerrichtung)	x̲	kreuzt hinten
←	Gegentanzrichtung	1̲	Stampfer, belastet
r	rechts	(1̲)	Stampfer, unbelastet
l	links	!̄	belastet, federt ab
vw	vorwärts	( )	unbelastete Bewegung; steht auch für Aufkommen ohne Akzent nach Hüpfer
rw	rückwärts		
sw	seitwärts		
x̄	kreuzt vorn	Wdh	Wiederholung